Why My Husband is NOT An Ass!

By Ria Pearce

ISBN 13: 978-1-885615-41-1
ISBN: 1-885615-41-8

Publisher Website:
www.vikki-lawrence.blogspot.com

Introduction

Drawing upon extensive personal research into marriages and couple relationships, this is a ***Must-Have*** book for those considering marriage or those in a long-term relationship.

Okay, okay. You caught me. This book is full of blank pages. Even though I have looked everywhere and talked to oodles and poodles of people, I just couldn't find something good to say on the subject!

Ha.

Feel free to use this book for notes. You know, if you have any.

Enjoy!

Um… um…help?

Something good … something good … I'm still thinking….

I don’t know. You?

I give up!

I am right
Me too

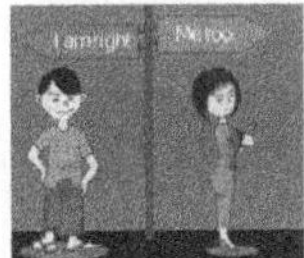
I am right
Me too

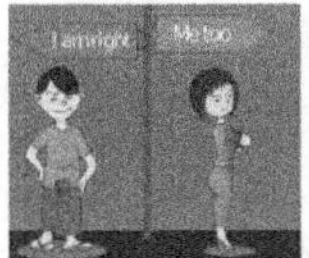
I am right
Me too

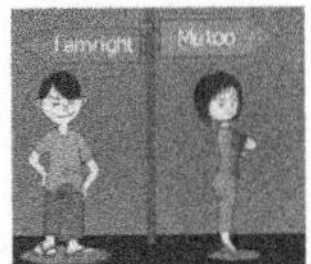
I am right
Me too

I am right
Me too

I am right
Me too

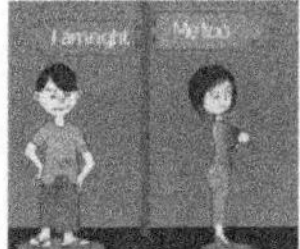
I am right.
Me too

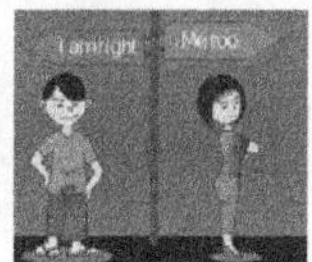
I am right
Me too

I am right
Me too

I am right
Me too

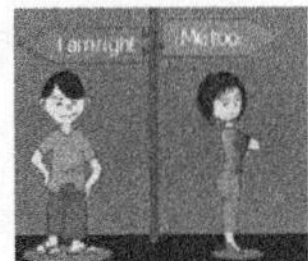
I am right
Me too

I am right
Me too

I am right
Me too

I am right
Me too

I am right
Me too

I am right
Me too

I am right
Me too

I am right
Me too

I am right
Me too

I am right
Me too

I am right
Me too

I am right
Me too

I am right
Me too

I am right
Me too

I am right
Me too

I am right
Me too

I am right
Me too

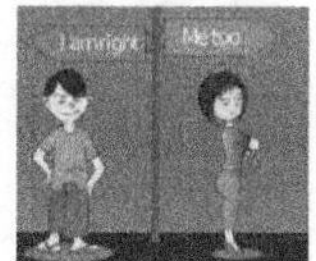
I am right
Me too

I am right
Me too

I am right
Me too

I am right
Me too.

I am right
Me too

I am right
Me too

I am right
Me too

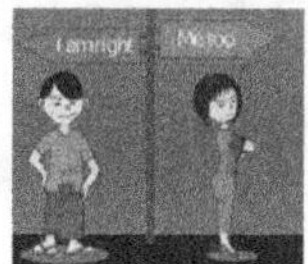

I am right
Me too

I am right
Me too

I am right
Me too

I am right
Me too

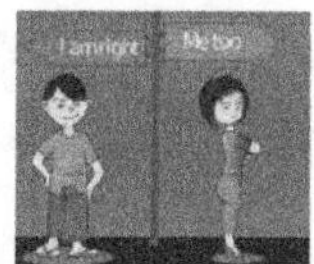
I am right
Me too

I am right
Me too

Okay … take it away!

LINKS AND CONTACT INFORMATION:

Journals/Diaries:	www.ria-pearce.blogspot.com
Survival/Prepping:	www.survival-cooking.blogspot.com
Seizures/Epilepsy:	www.seizures-suck.blogspot.com
Fiction:	www.v-lawrence.blogspot.com
Publisher's Blog:	www.vikki-lawrence.blogspot.com